Cornelia Haas · Ulrich Renz

# Min allra vackraste dröm

## わたしの　とびっきり　すてきな　ゆめ

Tvåspråkig barnbok

med ljudbok och video online

Översättning:

Narona Thordsen (svenska)

Yumiko Saito, Koji Suda (japanska)

## Anmärkning för studenter i japanska

We use a set of simple Kanji in the Japanese text of the book, beside Hiragana and Katakana. For beginners these Kanji are transcribed with Hiragana characters.

Example: 見(み)

In the appendix you will find the entire text of the book using the complete Kanji character set, as well as a latin transcription (Romaji) and a table of Hiragana and Katakana.

Have fun with this wonderful language!

Sefa Publishing

Ljudbok och video:

# www.sefa-bilingual.com/bonus

Fri tillgång med lösenordet:

svenska: **BDSV2831**

japanska: **BDJA1910**

Lulu kan inte somna. Alla andra drömmer redan – hajen, elefanten, den lilla musen, draken, kängurun, riddaren, apan, piloten. Och lejonungen. Även björnen kan nästan inte hålla ögonen öppna ... Du björn, kan du ta med mig in i din dröm?

ルルは　ねむれません。
ほかの　ぬいぐるみたちは　もう
夢(ゆめ)を　見(み)ていますーー
サメや　ぞう、小(こ)ネズミ、
ドラゴン、カンガルー、
騎士(きし)、さる、パイロット。
それに、赤(あか)ちゃんライオン。
くまの　目(め)も　もう
とじかかっています。

くまさん、夢(ゆめ)の　中(なか)へ
つれてってくれるの？

Och med det så finner sig Lulu i björnarnas drömland. Björnen fångar fisk i Tagayumisjön. Och Lulu undrar, vem skulle kunna bo där uppe i träden? När drömmen är slut vill Lulu uppleva ännu mer. Följ med, vi hälsar på hajen! Vad kan han drömma om?

すると もう ルルは、くまの 夢(ゆめ)の 国(くに)の 中(なか)。
くまは タガユミ湖(こ)で 魚(さかな)を つっています。ルルは びっくり、
あの 木(き)の 上(うえ)に だれが すんでいるのだろう？夢(ゆめ)が おわる
と、ルルは もっと 見(み)たくなりました。
いっしょに おいでよ、サメのところへ いこう！どんな 夢(ゆめ)を
見(み)ているのかなあ？

Hajen leker tafatt med fiskarna. Äntligen har han vänner! Ingen är rädd för hans spetsiga tänder.

När drömmen är slut vill Lulu uppleva ännu mer. Följ med, vi hälsar på elefanten! Vad kan han drömma om?

サメは 魚(さかな)たちと 鬼(おに)ごっこをしています。やっと 友(とも)だちが
できたのです！ だれも サメの とがった 歯(は)を こわがりません。
夢(ゆめ)が おわると、ルルは もっと 見(み)たくなりました。
いっしょに おいでよ、ぞうの ところへ いこう！ どんな 夢(ゆめ)を
見(み)ているのかなあ？

Elefanten är lika lätt som en fjäder och kan flyga! Snart landar han på den himmelska ängen.

När drömmen är slut vill Lulu uppleva ännu mer. Följ med, vi hälsar på den lilla musen! Vad kan hon drömma om?

ぞうは 羽毛(うもう)のように かるくなって、飛(と)ぶことができます！
ちょうど 空(そら)の 草(そう)げんに おり立(た)つところです。
夢(ゆめ)が おわると、ルルは もっと 見(み)たくなりました。
いっしょに おいでよ、小(こ)ネズミのところへ いこう！ どんな 夢(ゆめ)を 見(み)ているのかなあ？

Den lilla musen är på ett tivoli. Mest gillar hon berg- och dalbanan. När drömmen är slut vill Lulu uppleva ännu mer. Följ med, vi hälsar på draken. Vad kan hon drömma om?

小(こ)ネズミは　えん日(にち)を　たのしんでいます。
一(いち)ばんの　おきにいりは　ジェットコースター。
夢(ゆめ)が　おわると、ルルは　もっと　見(み)たくなりました。
いっしょに　おいでよ、ドラゴンのところへ　いこう！　どんな　夢(ゆめ)を
見(み)ているのかなあ？

Draken är törstig av att ha sprutat eld. Hon skulle vilja dricka upp hela sockerdrickasjön.

När drömmen är slut vill Lulu uppleva ännu mer. Följ med, vi hälsar på kängurun! Vad kan hon drömma om?

ドラゴンは　火(ひ)を　たくさん　ふいたので、　のどが　かわいています。
レモネードの　湖(みずうみ)を　ぜんぶ　のみほせたら　さいこうだな。
夢(ゆめ)が　おわると、ルルは　もっと　見(み)たくなりました。
いっしょに　おいでよ、カンガルーのところへ　いこう！どんな　夢(ゆめ)を　見(み)ているのかなあ？

Kängurun hoppar genom godisfabriken och stoppar sin pung full. Ännu fler av de blåa karamellerna! Och ännu fler klubbor! Och choklad!
När drömmen är slut vill Lulu uppleva ännu mer. Följ med, vi hälsar på riddaren. Vad kan han drömma om?

カンガルーは あまい おかしの こうじょうを ぴょんぴょん とびまわって、ふくろいっぱいに つめこんでいます。あおい あめ玉(だま)を もっと たくさん！ ぺろぺろキャンディーも もっと！ それに チョコレートも！
夢(ゆめ)が おわると、ルルは もっと 見(み)たくなりました。
いっしょに おいでよ、騎士(きし)の ところへ いこう！ どんな 夢(ゆめ)を 見(み)ているのかなあ？

Riddaren har tårtkrig med sin drömprinsessa. Oj! Gräddtårtan missar! När drömmen är slut vill Lulu uppleva ännu mer. Följ med, vi hälsar på apan! Vad kan han drömma om?

騎士(きし)は あこがれの 夢(ゆめ)の 王女(おうじょ)さまと トルテ投(な)げ
遊(あそ)びをしています。おっと！クリームトルテは あたりませんでした！
夢(ゆめ)が おわると、ルルは もっと 見(み)たくなりました。
いっしょに おいでよ、さるのところへ いこう！どんな 夢(ゆめ)を
見(み)ているのかなあ？

Äntligen har det snöat i aplandet! Hela apgänget är helt uppspelta och gör rackartyg.

När drömmen är slut vill Lulu uppleva ännu mer. Följ med, vi hälsar på piloten! I vilken dröm kan han ha landat i?

ついに さるの 国(くに)に 一(いち)どだけ 雪(ゆき)が ふりました！
さるたちは われを わすれて 大(おお)さわぎ。
夢(ゆめ)が おわると、ルルは もっと 見(み)たくなりました。
いっしょに おいでよ、パイロットのところへ いこう！どんな 夢(ゆめ)に
ちゃくりくしたのかなあ？

Piloten flyger och flyger. Ända till världens ände och ännu längre, ända till stjärnorna. Ingen pilot har någonsin klarat av detta tidigare.

När drömmen är slut så är alla väldigt trötta och känner inte för att uppleva mycket mer. Men lejonungen vill de fortfarande hälsa på. Vad kan hon drömma om?

パイロットは どんどん 飛(と)んでいきます。せかいの はてまで、さらに
もっと とおく星(ほし)ぼしのところまで。そんなことを やりとげた
パイロットは ほかにいません。
夢(ゆめ)が おわると、みんな もう くたくたで、もう そんなに たくさん
見(み)たくありません。それでも 赤(あか)ちゃんライオンのところへは
いきたいな。どんな 夢(ゆめ)を 見(み)ているのかなあ？

Lejonungen har hemlängtan och vill tillbaka till sin varma mysiga säng.
Och de andra med.

Och där börjar ...

赤(あか)ちゃんライオンは ホームシックにかかって、あたたかい
ふわふわの ベッドに もどりたがっています。それに ほかの みんなも。

そして これから はじまるのは……

... Lulus
allra vackraste dröm.

……ルルの
とびっきり　すてきな　夢(ゆめ)。

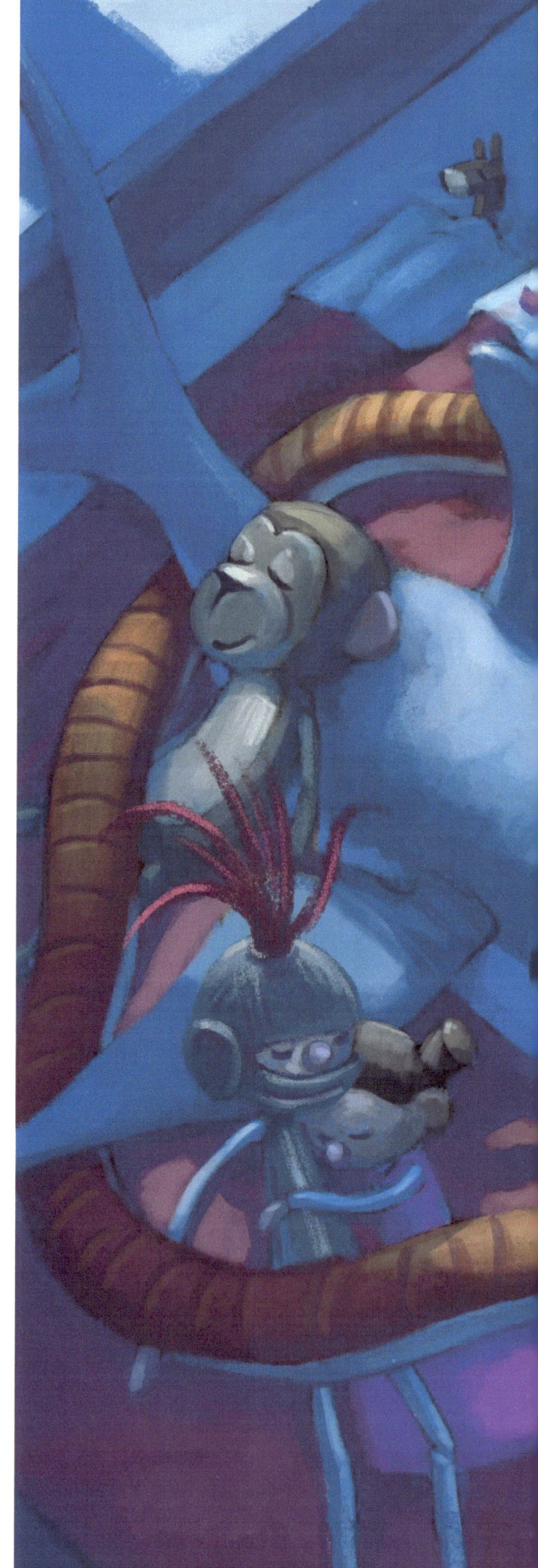

# Författarna

Cornelia Haas föddes 1972 nära Augsburg (Tyskland). Efter utbildningen som skylt- och ljusreklamtillverkare studerade hon design vid Münster yrkeshögskola och utexaminerades som diplom designer. Sedan 2001 illusterar hon barn- och ungdomsböcker, sedan 2013 undervisar hon i akryl- och digitalmålning vid Münster yrkeshögskola.

Ulrich Renz föddes 1960 i Stuttgart (Tyskland). Efter att ha studerat fransk litteratur i Paris tog han läkarexamen i Lübeck och var chef för ett vetenskapligt förlag. Idag är Renz frilansförfattare, förutom faktaböcker skriver han barn- och ungdomsböcker.

# ローマ字一覧表　ヘボン式
## Rômaji Table (Hepburn System)

### ひらがな　Hiragana

| あ a | い i | う u | え e | お o | | | |
|---|---|---|---|---|---|---|---|
| か ka | き ki | く ku | け ke | こ ko | きゃ kya | きゅ kyu | きょ kyo |
| さ sa | し shi | す su | せ se | そ so | しゃ sha | しゅ shu | しょ sho |
| た ta | ち chi | つ tsu | て te | と to | ちゃ cha | ちゅ chu | ちょ cho |
| な na | に ni | ぬ nu | ね ne | の no | にゃ nya | にゅ nyu | にょ nyo |
| は ha | ひ hi | ふ fu | へ he | ほ ho | ひゃ hya | ひゅ hyu | ひょ hyo |
| ま ma | み mi | む mu | め me | も mo | みゃ mya | みゅ myu | みょ myo |
| や ya | | ゆ yu | | よ yo | | | |
| ら ra | り ri | る ru | れ re | ろ ro | りゃ rya | りゅ ryu | りょ ryo |
| わ wa | | | | を o | | | |
| ん n | | | | | | | |
| が ga | ぎ gi | ぐ gu | げ ge | ご go | ぎゃ gya | ぎゅ gyu | ぎょ gyo |
| ざ za | じ ji | ず zu | ぜ ze | ぞ zo | じゃ ja | じゅ ju | じょ jo |
| だ da | ぢ ji | づ zu | で de | ど do | | | |
| ば ba | び bi | ぶ bu | べ be | ぼ bo | びゃ bya | びゅ byu | びょ byo |
| ぱ pa | ぴ pi | ぷ pu | ぺ pe | ぽ po | ぴゃ pya | ぴゅ pyu | ぴょ pyo |

### カタカナ Katakana

| ア a | イ i | ウ u | エ e | オ o | | | |
|---|---|---|---|---|---|---|---|
| カ ka | キ ki | ク ku | ケ ke | コ ko | キャ kya | キュ kyu | キョ kyo |
| サ sa | シ shi | ス su | セ se | ソ so | シャ sha | シュ shu | ショ sho |
| タ ta | チ chi | ツ tsu | テ te | ト to | チャ cha | チュ chu | チョ cho |
| ナ na | ニ ni | ヌ nu | ネ ne | ノ no | ニャ nya | ニュ nyu | ニョ nyo |
| ハ ha | ヒ hi | フ fu | ヘ he | ホ ho | ヒャ hya | ヒュ hyu | ヒョ hyo |
| マ ma | ミ mi | ム mu | メ me | モ mo | ミャ mya | ミュ myu | ミョ myo |
| ヤ ya | | ユ yu | | ヨ yo | | | |
| ラ ra | リ ri | ル ru | レ re | ロ ro | リャ rya | リュ ryu | リョ ryo |
| ワ wa | | | | ヲ o | | | |
| ン n | | | | | | | |
| ガ ga | ギ gi | グ gu | ゲ ge | ゴ go | ギャ gya | ギュ gyu | ギョ gyo |
| ザ za | ジ ji | ズ zu | ゼ ze | ゾ zo | ジャ ja | ジュ ju | ジョ jo |
| ダ da | ヂ ji | ヅ du | デ de | ド do | | | |
| バ ba | ビ bi | ブ bu | ベ be | ボ bo | ビャ bya | ビュ byu | ビョ byo |
| パ pa | ピ pi | プ pu | ペ pe | ポ po | ピャ pya | ピュ pyu | ピョ pyo |

Here is Lulu's story in a Kanji-enriched and a Romaji version.

The Romaji transcription uses a version of the Hepburn System.

ルルのお話を、たくさん漢字を使ったテキストとローマ字のテキストにしました。

ローマ字は、ヘボン式で書きました。

## わたしの　とびっきり　すてきな　ゆめ
## 私　の　とびっきり　素敵な　夢
### Watashi no　tobikkiri　sutekina　yume

ルルは　ねむれません。ほかの　みんなは　もう　ゆめを　みています。
ルルは　眠れません。　他の　みんなは　もう　夢を　見ています。
Ruru wa　nemuremasen。Hoka no　minna wa　mô　yume o　mite imasu。

サメや　ぞう、こネズミ、ドラゴン、カンガルー、きし、さる、パイロット。
鮫や　象、小鼠、　ドラゴン、カンガルー、騎士、猿、パイロット。
Same ya　zô、konezumi、doragon、kangarû、kishi、saru、pairotto。

それに、あかちゃんライオン。くまのめも、もうとじかかっています。
それに、赤ちゃん　ライオン。熊の目も、もう閉じかかっています。
Soreni、akachan　raion。Kuma no me mo、mô toji kakatte imasu。

くまさん、ゆめのなかへつれてってくれるの？
熊さん、夢の中へ連れてってくれるの？
Kuma san、yume no naka e tsuretette　kureru no ?

すると　もう　ルルは、くまの　ゆめのくにのなか。
すると　もう　ルルは、熊の　夢の国の中。
Suruto　mô　ruru wa、kuma no　yume no kuni no naka。

くまは　タガユミこで　さかなを　つっています。
熊は　タガユミ湖で　魚を　釣っています。
Kuma wa　tagayumi-ko de　sakana o　tsutte imasu。

ルル は びっくり、あの き の うえ に だれが すんで いる の だろう？
ルル は びっくり、あの 木の上 に 誰 が 住んで いる の だろう？
Ruru wa bikkuri、ano ki no ue ni dare ga sunde iru no darô ?

ゆめ が おわる と、ルル は もっと みたく なりました。
夢 が 終わる と、ルル は もっと 見たく なりました。
Yume ga owaru to、ruru wa motto mitaku narimashita。

いっしょに おいでよ、サメ の ところ へ いこう！
一緒 に おいでよ、鮫 の 所 へ 行こう！
Issho ni oide yo、same no tokoro e ikô !

どんな ゆめ を みて いる の かなあ？
どんな 夢 を 見て いる の かなあ？
Donna yume o mite iru no kanâ ?

サメ は さかな たち と おにごっこ を して います。
鮫 は 魚 たちと 鬼 ごっこ を して います。
Same wa sakana tachi to oni gokko o shite imasu。

やっと ともだち が できた のです！
やっと 友達 が 出来た のです！
Yatto tomodachi ga dekita nodesu !

だれも サメ の とがった は を こわがりません。
誰 も 鮫 の 尖った 歯 を 怖がりません。
Dare mo same no togatta ha o kowagarimasen。

ゆめ が おわる と、ルル は もっと みたく なりました。
夢 が 終わる と、ルル は もっと 見たく なりました。
Yume ga owaru to、ruru wa motto mitaku narimashita。

いっしょに おいでよ、ぞう の ところ へ いこう！
一緒に おいでよ、象 の 所 へ 行こう！
Issho ni oide yo、zô no tokoro e ikô !

どんな ゆめ を みて いる の かなあ？
どんな 夢 を 見て いる の かなあ？
Donna yume o mite iru no kanâ ?

ぞう は うもう の ように かるく なって、とぶ こと が できます！
象 は 羽毛 の 様 に 軽くなって、 飛ぶ事 が 出来ます！
Zō wa umô no yô ni karukunatte、 tobukoto ga dekimasu !

ちょうど そら の そうげん に おりたつ ところ です。
ちょうど 空 の 草原 に 降り立つ 所 です。
Chôdo sora no sôgen ni oritatsu tokoro desu。

ゆめが おわると、ルルは もっと みたく なりました。
夢 が 終わると、ルルは もっと 見たく なりました。
Yume ga owaru to、ruru wa motto mitaku narimashita。

いっしょに おいでよ、コネズミの ところへ いこう！
一緒 に おいでよ、小鼠 の 所 へ 行こう！
Issho ni oide yo、konezumi no tokoro e ikô！

どんな ゆめを みているのかなあ？
どんな 夢 を 見ているのかなあ？
Donna yume o mite iru no kanâ？

コネズミは えんにちを たのしんでいます。
小鼠 は 縁日 を 楽しんで います。
Konezumi wa en-nichi o tanoshinde imasu。

いちばんの おきにいりは ジェットコースター。
一番 の お気に入りは ジェットコースター。
Ichiban no okiniiri wa jettokôsutâ。

ゆめが おわると、ルルは もっと みたく なりました。
夢 が 終わると、ルルは もっと 見たく なりました。
Yume ga owaru to、ruru wa motto mitaku narimashita。

いっしょに おいでよ、ドラゴンのところへ いこう！
一緒 に おいでよ、ドラゴンの所 へ 行こう！
Issho ni oide yo、doragon no tokoro e ikô！

どんな ゆめを みているのかなあ？
どんな 夢 を 見ているのかなあ？
Donna yume o mite iru no kanâ？

ドラゴンは ひを たくさん ふいたので、 のどが かわいています。
ドラゴンは 火を 沢山 吹いたので、 喉 が 乾いて います。
Doragon wa hi o takusan fuita node、nodo ga kawaite imasu。

レモネードの みずうみを ぜんぶ のみほせたら さいこうだな。
レモネードの 湖 を 全部 飲み干せたら 最高だ な。
Remonêdo no mizu-umi o zenbu nomihosetara saikôda na。

ゆめが おわると、ルルは もっと みたく なりました。
夢 が 終わると、ルルは もっと 見たく なりました。
Yume ga owaru to、ruru wa motto mitaku narimashita。

いっしょに おいでよ、カンガルーのところへ いこう！
一緒　　に おいでよ、カンガルーの 所　　へ 行こう！
Issho　　ni　　　oide yo、kangarû　no tokoro e　　ikô !

どんな ゆめを みているのかなあ？
どんな 夢 を 見ているのかなあ？
Donna　　yume o　　mite iru　no kanâ ?

カンガルーは あまい おかしの こうじょうを ぴょんぴょん
カンガルーは 甘い お菓子の 工場 を ぴょんぴょん
Kangarû　　wa　amai　okashi no　　kôjô　　　o　　pyonpyon

とびまわって、ふくろいっぱいに つめこんでいます。
飛び回って、 袋 一杯 に 詰め込んでいます。
tobimawatte、　　fukuro ippai　　ni　　tsumekonde imasu。

あおい あめだまを もっと たくさん！
青い 飴玉 を もっと 沢山！
Aoi　　　ame dama o　　motto　　takusan !

ぺろぺろキャンディーも もっと！
ぺろぺろキャンディーも もっと！
Peropero　kyandî　　　mo　motto !

それに チョコレートも！
それに チョコレートも！
Sore ni　　chokorêto　　mo !

ゆめがおわると、ルルは もっと みたくなりました。
夢 が終わると、ルルは もっと 見たくなりました。
Yume ga owaru　to、ruru wa　　motto　　mitaku narimashita。

いっしょに おいでよ、きしのところへ いこう！
一緒に おいでよ、 騎士の所 へ 行こう！
Issho ni　　oide yo、　　　kishi no tokoro e　　ikô !

どんな ゆめを みているのかなあ？
どんな 夢 を 見ているのかなあ？
Donna　　yume o　　mite iru　no kanâ ?

きしは あこがれ の ゆめ の おうじょ さま と
騎士は 憧れ の夢 の 王女 様 と
Kishi wa akogare no yume no ôjo sama to

トルテ なげ あそびを しています。
トルテ 投げ 遊び を しています。
torute nage asobi o shite imasu.

おっと！クリームトルテ は あたりません でした！
おっと！クリームトルテ は 当たりません でした！
Otto ! Kurîmutorute wa atarimasen deshita !

ゆめ が おわる と、ルル は もっと みたく なりました。
夢 が 終わる と、ルル は もっと 見たく なりました。
Yume ga owaru to、ruru wa motto mitaku narimashita。

いっしょに おいでよ、さる の ところへ いこう！
一緒に おいでよ、猿 の 所 へ 行こう！
Issho ni oide yo、saru no tokoro e ikô !

どんな ゆめを みている の かなあ？
どんな 夢 を 見ている の かなあ？
Donna yume o mite iru no kanâ ?

ついに さる の くに に いちどだけ ゆき が ふりました！
遂に 猿 の 国 に 一度だけ 雪 が 降りました！
Tsuini saru no kuni ni ichidodake yuki ga furimashita !

さるたち は われを わすれて おおさわぎ。
猿 達 は 我 を 忘れて 大騒ぎ。
Saru tachi wa ware o wasurete ôsawagi。

ゆめ が おわる と、ルル は もっと みたく なりました。
夢 が 終わる と、ルル は もっと 見たく なりました。
Yume ga owaru to、ruru wa motto mitaku narimashita。

いっしょに おいでよ、パイロットのところへ いこう！
一緒 に おいでよ、パイロットの 所 へ 行こう！
Issho ni oide yo、pairotto no tokoro e ikô !

どんな ゆめに ちゃくりく した の かなあ？
どんな 夢 に 着陸 した の かなあ？
Donna yume ni chakuriku shita no kanâ ?

パイロットは　どんどん　とんで　いきます。
パイロットは　どんどん　飛んで　行きます。
Pairotto　wa　dondon　tonde　ikimasu。

せかいの　はてまで、さらに　もっと　とおくのほしぼしの　ところ　まで。
世界の　果てまで、更に　もっと　遠くの星々　の所　まで。
Sekai　no　hate made、sara ni　motto　tôku　no hoshiboshi no tokoro　made。

そんな　ことを　やりとげた　パイロットは　ほかに　いません。
そんな　事を　やり遂げた　パイロットは　他に　いません。
Sonna　koto o　yaritogeta　pairotto　wa　hoka ni　imasen。

ゆめがおわる　と、ルルは　もっと　みたく　なりました。
夢が終わる　と、ルルは　もっと　見たく　なりました。
Yume ga owaru　to、ruru wa　motto　mitaku　narimashita。

もう　そんなに　たくさん　みたく　ありません。
もう　そんなに　沢山　見たく　ありません。
Mô　sonnani　takusan　mitaku　arimasen。

それでも　あかちゃんライオンのところへは　いきたい　な。
それでも　赤ちゃん　ライオンの所　へは　行きたい　な。
Soredemo　akachan　raion　no tokoro e wa　ikitai　na。

どんな　ゆめを　みているのかなあ？
どんな　夢を　見ているのかなあ？
Donna　yume o　mite iru　no kanâ？

あかちゃんライオンは　ホームシックに　かかって、あたたかい　ふわふわの
赤ちゃん　ライオンは　ホームシックに　罹って、　暖かい　ふわふわの
Akachan　raion　wa　hômushikku　ni　kakatte、atatakai　fuwafuwa no

ベッドに　もどりたがっています。それに　ほかの　みんなも。
ベッドに　戻りたがって　います。それに　他の　みんなも。
beddo ni　modoritagatte　imasu。Soreni　hoka no　minna mo。

そして　これから　はじまるのは……
そして　これから　始まるのは……
Soshite　korekara　hajimaru　no wa……

……ルルの　とびっきり　すてきな　ゆめ。
……ルルの　とびっきり　素敵な　夢。
……ruru no　tobikkiri　sutekina　yume。

# Gillar du att måla?

Här kan du hitta bilderna från berättelsen för färgläggning:

## www.sefa-bilingual.com/coloring

# Lulu rekommenderar också...

**Sov gott, lilla vargen**

För barn från 2 år

med ljudbok och video online

Tim kan inte sova. Hans lilla varg är borta! Glömde han den utomhus kanske? Tom ger sig alldeles ensam ut i natten – och får oväntat sällskap...

**Finns på dina språk?**

▶ Fråga vår „språkassistent":

www.sefa-bilingual.com/languages

**De vilda svanarna**

Efter en saga av Hans Christian Andersen

För barn från 4-5 år

„De vilda svanarna" av Hans Christian Andersen är inte utan orsak en av värdelns mest lästa sagor. I tidlös form har den allt det som tema som mänskligt drama är gjort av: Rädsla, tapperhet, kärlek, förräderi, separation och återfinnande.

**Finns på dina språk?**

▶ Fråga vår „språkassistent":

www.sefa-bilingual.com/languages

© 2023 by Sefa Verlag Kirsten Bödeker, Lübeck, Germany

www.sefa-verlag.de

Special thanks to Paul Bödeker, Freiburg, Germany

Font: Noto Sans

All rights reserved. No part of this book may be reproduced without the written consent of the publisher

ISBN: 9783739962719

www.ingramcontent.com/pod-product-compliance
Lightning Source LLC
LaVergne TN
LVHW070451080526
838202LV00035B/2797